JN438504

무심천에 바람 불면

권오정 제5시집

무심천에 바람 불면

국제펜클럽한국본부

▌축하 글

조화로운 서정에의 유혹

시인 **김효동**(충북문인협회장 역임)

서시序詩에서 밝혔듯이 차 한 잔을 마시며 이런 생각 저런 생각 끝에 애잔한 초옥草屋의 숨결에 젖어 귀엽고 아담한 다섯 번째 옥동자를 분만했으니 정말 대견스럽고 장하다.

나는 권 시인의 제3시집 『백년의 미소』 평론을 쓴 기억이 난다. 꾸며진 삶이나 감정이 아닌 시인의 따스한 가슴을 통해 끊임없이 진실된 무욕無慾의 세계를 자연과 더불어 아름답게 노래하는 시가 마음에 와 닿는다.

권 시인은 욕심 많고 뚝심으로 밀고 나가는 중견시인의 결정물로 제1회 매헌문학상 수상뿐 아니라 민화 문인화 시낭송 대회에 수시로 참여하여 영광스런 상을 꽤 많이 받았고 국제pen클럽 등 다수 문학회에 가입하여 열과 성을 다해 참여하고 봉사하는 넓은 아량과 깊은 인맥을 유지하고 있어 좋아 보인다.

경상도 출신으로 불굴의 의지와 열정, 산뜻한 정서와 낭만을 아낌없이, 어떻게 보면 지나칠 정도의 정열과 혼신을 다하는 흔적이 돋보인다.

더욱이 '무심천에 바람 불면'은 이미 작곡되어 발표된 바 있는 청주를 애틋하게 찬양하고 사랑하고 있다.

'아, 아름다운 청주에서'는 우암산과 상당산성이 있고 시가지 한가운데 무심천이 흐르는 산 좋고 물 맑은 살기 좋은 고장을 노래하면서 청풍명월 인심 좋은 양반의 고장을 그럴듯하게 속살 깊게 읊고 있다.

뿐만 아니라 「가경골 살구꽃」, 「가을이 나를 두고」, 「갈대와 억새」, 「사무사화思無邪花」, 「매월도梅月圖」 등은 상당한 수준에 놓여 있는 작품으로 손색이 없다.

다만 감성을 중시하다 보면 지성이나 뉘앙스에 의도적인 힘이 덜 미친다는 점에 유의하기 바라면서 다시 한 번 귀중한 출간을 축하드린다.

序詩

차 한 잔을 마시며

생각했습니다
무엇을 쓸까 무엇을 그릴까 하고

지난봄 가경골 빛 고운 살구꽃차
감나무골 산책길의 단풍잎 차

기억하기 싫은 일은
찻잔에 오르는 수증기로 날리고
기분 좋은 차 한 잔에
시상詩想은 맴돌고

오늘도 다가올 내일도
무언가 속삭임이 들리는듯합니다

마시고 또 마시고
지난 추억들을 채워 마셨지요

밤하늘에 반짝이는 별처럼
풀꽃들이 살며시 일러 주네요

한 줄의 시가, 소통의 시작이며
한 편의 시가
아름다운 언어의 보배임을~

* 2015의 가을이 깊어갑니다.
애잔한 초옥의 숨결에 취해 다섯 번째 시집 퇴고를 하며.

| 차례 |

2부

별들의 꿈

3부

초원의 밤

4부

가을이 나를 두고

5부
내 가슴에 매화 한 그루 심어놓고

1부

꽃과 나

매월도 梅月圖

초옥草屋에 매화 피어
흰 달빛 더욱 아련교

창호에 어린 속적삼
아리아리 아리고개

梅花 滿枝 空斷腸*
피는 꽃 아린가슴

찻잔에 떨어진 꽃잎
은하수에 우린
살빛처럼 고와라

애닯다 어이 하리

내 가슴에
낭자狼藉한 꽃빛이며
고울사 꽃이며.

* 梅花滿枝空斷腸(매화만지공단장) 매화의 화제

봄은!

산 넘어
향기 담은 촉수

살금 살금 고양이 걸음
동글동글 눈동자 속에 감추고

알싸한 봄소식 어디에 전할까

할미꽃잎 속 숨 고르기
뉘 가슴 사알짝 흩으려 놓을까

사정없이 피는 들꽃에
취한 나그네.

내 가슴에 핀 꽃

언젠가 내 맘속에
매화 한 송이 피었지요
적막한 마음 자락 귀퉁이에
저대로 핀 꽃이며

그리움 짙어져 가슴속 빨갛간 빛
꽃 피어 늘어지네요

지난해 삼월 어느 날
내 정원에
홍매 한 그루 심었답니다
외로울까
백매 한 그루도 심었습니다

훗날 아니, 다음 해
섣달 어느 날을 기약하며.

살구꽃 미소

저 연분홍
여린 잎의 미소는
웃음인가
서러움인가

저 파르르 떠는
알 수 없는 몸짓은
기쁨인가
슬픔인가

살구꽃 고운 모습
하롱하롱
날아 내리는 너를

내 어이~
내 어이 하라고.

꽃과 나

꽃이
슬퍼지면 무엇이 되나요
가슴 아린 눈물 꽃 피우나요

꽃도 나도 슬픈데
우리는 어떡하나요

방울방울
눈물 뚝뚝 흘려야 하나요

너 때문이라고
옷소매 부여잡고 하소연 하나요

쓰리도록 아파
서럽게 서럽게 울어야 하나요

꽃구름 되어
하염없이 흘러가야 하나요

아~
어쩌나요 어쩌나요.

망초꽃 향을 아시나요

유월의 향기
망초꽃 향을 아시나요

감나무골 숲길에
하얗게 핀 망초꽃

산바람 골바람
산들산들 반기는 망초꽃에
얼굴을 대이고

아리한 향에 취해 자빠진 날
무슨 사념에 몰두하며~

그저 그런
지난해 그맘때 보았던 꽃

무어라 말할까
옅지도 짙지도 않은
해맑은 모습의 이 향기

초 여름날의 향
망초꽃 그 향기를 아시나요.

봄바람

꽃은
바람 속에 피고

꽃잎은
바람에 떨어지고

봄은
꽃 내음처럼 왔다가
향기처럼 사라지고

봄은
살랑살랑 나래 짓
바람 따라 가버리고.

어제도 말똥거리던 것이

오늘 꽃망울 터뜨려
천지가 흰빛이네

꽃들은
모두가 미쳐뻤나
화닥닥 피뿌렸네

바람이
며칠을 두고 불어 제켜
난리버꾸를 치더니

에라, 모르겠다 핏 뿌리자
내가 알게 뭐꼬
귀살쩍은 아우성들이네

너도 피고 나도 피고
하얗게 늘어선
꽃나무 숲을 나 홀로 걸으니

보는 사람 미처 없는
휘늘어진 꽃가지

청풍 청명에
무심천 변 상춘객이라
이 또한 제멋이로고.

참꽃 피어

적막 산천
참꽃 피어 서럽네

무덤가에 제비꽃
무덤 위에 할미꽃

지천 산천
참꽃 피어 서럽네

꽃을 희롱하는 흰나비
눈가에 어지러워

내 가슴에 온통
참꽃 피어 서럽네.

꽃잎 흩날리니

꽃잎 날리니 동공이 흔들리고
꽃잎 나부끼니 어찔~ 현기증

꽃잎 내리니
내 가슴에 뚝뚝 꽃 지는 소리

꿈결 속에 봄날
채 깨지 못한 나를 두고

꽃잎은
소리 없이
소리 없이 흩날리고

하얀 손 흔들며, 이별을
나는 그저 울었습니다

아스라이 날리는 꽃잎 때문에.

아마릴리스

오! 아마릴리스
네 깊숙한 곳 그 어디에서
뿜어나는 향인가

진한 듯 연한 듯
살며시 눈 감기 우는
붉은빛 깊은 향이며

너로 인해 이 아침이 행복해
오직 나만을 위한 향기

바닷가 모래톱
파도가 남기고 간 자국

내 가슴에 담긴 그윽한 향인香印.

꽃이 슬퍼지면

무엇이 되나요
가슴 아린 눈물 꽃 피우나요

꽃도 나도 슬픈데
우리는 어떡하나요

방울방울
눈물 뚝뚝 흘려야 하나요

너 때문이라고
옷소매 부여잡고 하소연 하나요

쓰리도록 아파
서럽게 서럽게 울어야 하나요

아~
어쩌나요 어쩌나요.

내 사랑 제비꽃

산자락 들녘
양지바른 햇볕 아래

다소곳이 고개 숙인 모습
청순하고 소박한 보라빛 제비꽃

귀엽고 순수한
흰제비 노랑제비 파랑제비 각시제비

가지가지 색색 가지
금강제비 고깔제비 구름제비 단풍제비

등 꼬부려 앉아야만 볼 수 있는
곱살스럽고 앙증스런 꽃

제비는 없어도
아롱다롱 제비꽃은 피고.

한 송이 꽃처럼

고운사람 앞에선
고운사람 으로

아름다운 사람 앞에선
아름다운 사람으로

그네의 맘속에 들어
고운 이로 살고파

오가는 길목 한적한 터에
꽃 심고 나무 심어

한 송이 꽃처럼
고운 사람으로 살고 지고.

무심천에 바람 불면

1.

무심천에 바람 불면
날마다 날마다 꽃이 피네

꽃피는 날은 따라 웃고
꽃지는 날에 슬퍼 울어

잎 지는 날엔
푸른 눈물 떨구고

붉은 단풍 질 때
눈시울 붉히네

오고 가는 계절에
웃고 울고

불고 가는 바람에
꽃피고 잎 지고.

2.

무심천에 청풍 불면
해마다 철 따라 꽃이 피네

꽃피는 날은 따라 웃고
꽃지는 날에 슬퍼 울어

잎 지는 날엔
푸른 눈물 떨구고

붉은 단풍 질 때
눈시울 적시네

오고 가는 계절에
웃고 울고

불고 가는 바람에
꽃 피고 잎 지고.

* 작곡 박성균, 테너 홍승완 시민회관에서 공연

홀로 지는 꽃

쓸쓸한 저녁
호젓이 피었다
외로이 지는 꽃

햇살도 흩어져 내리고
알 길 없는 여윈 마음
아, 스산해

무엇이 있는가
밤과 낮 이 공간에
아무것도 없다

바보 같은 내가 있을 뿐
한 송이 도라지꽃처럼
파랗게 멍든 내가

너는 어이
나를 이리도 상심케 하느냐

제 슬픔 제 설움에
홀로 지는 꽃이여.

2부

별들의 꿈

쪽빛 바다

봄 바다가 하늘을 만나면
하늘빛이 된다

하늘도 바다를 만나면
물빛이 된다

바다에서도 하늘 아래서도
내가 먼저 파랗게 물이 든다

허허로운 영혼의 빈 공간
그저 멍하니

하늘가 아득한 수평선을 바라보며
망연한 설레임의 비상을 꿈꾼다

남빛 출렁이는 바닷가에서.

꽃이여!

사무사思無邪
고울사 꽃이여

꽃은 피어
그 누구의 기쁨이 되고
꽃은 피어
그 누구의 슬픔이 되고

꽃 피어
네 가슴에 환희가 넘치고
슬픔 차올라
눈물이야 흐르건 말건

꽃이여
화사한 빛으로
도도하게 순간을 삼키고

순간을 나르며
영원히 죽더라도

청춘을 꽃다이 날리며

꽃처럼 피고 지는
너는 꽃.

붓꽃

청초하게 핀
참으로 신비스런 꽃

함초롬 꽃봉오리
정갈하게 밀어올린
단아한 기품의 꽃

먹물 한껏 머금은
붓 봉 같은 모습 터뜨려

가슴에 젖어드는
짙푸른 보랏빛 향

오월의 사랑
그 우아한 모습이여.

별들의 꿈

밤마다
저 많은 별들이 반짝이는 건
잠 못 드는
사람들의 그리움 때문이다

하늘이 깊고 푸른 것은
도무지 알 수 없는 마음속

나는 너를 모르고
너는 나를 몰라
홀로 반짝이고 있는 것이다

아름다운 호숫가 숲 속
풀숲에 내려앉을 날 그리며

꽃잎처럼 붉은 그리움
환영幻影같이 피어날 그때를 꿈꾸며.

한 잎

잎 하나의 설레임
잎 하나에 그리움

잎 하나의 꿈과 추억
잎 하나에 슬픔과 허무

그리고 . . . 또
떨어지는 꽃잎.

오월이 오면

연두 빛 짙어오는 봄날
실안개 아른거리는
깨끼저고리 갑사치마 차려입고

수틀에 모여드는 나비처럼
꽃향기 흩날리는 들판으로
봄맞이 가리라

인조견 흰 속치마
풀물이 들도록
금잔디 강변을 줄달음쳐 보리라

내 가슴에 흠뻑, 봄물이 들면

유유히 흐르는 저 강물 따라
녹음방초 지천에 깔린
꽃 청산 유람 떠나리라.

꽃신

연두빛 물감 흩뿌려
일순에 녹음 산천이라

봄 동산 휘젓고 다니던 햇살은
실개천에 푸른물 풀어 내리고

복사 빛 짙어져
꽃들이 나를 유혹하는 날
바람난 춘녀가 되어

들꽃 화관을 쓰고
하늘빛 푸른 바람에
옷자락 휘날리며

꽃바람 꽃신 신고
강바람 들바람 휘돌아 싸돌아
숨차고 지치면

흐르는 강물 위에
낙화처럼 꽃신을 띄우리라.

오동꽃 저고리를 입고

연보라 오동꽃 저고리에
남보라 치마를 입고
물빛 같은 고운사람 되어

무언지 알 수 없는
아리아리 아린 가슴
열어볼까 닫아볼까

슬픔 같은 눈물 같은
이 마음
울어볼까 웃어볼까

아니야
비 내리는 날 나 홀로
오동꽃 지듯
뚝~뚝 떨어져 내려야지.

망초꽃 동산

여름 오기를 기다린 듯
앞 다투어 피는 망초莽草*

저만큼 언덕배기
망초로 뒤덮인 논둑 밭둑
하얀 계절이 더욱 눈부시다

이렇듯 고운 꽃을 개망초라
아픈 역사에 이름 붙여진
망초亡草*의 눈길은 모른다

그때, 척박한 땅에 피어
애꿎은 꽃에다 화풀이하듯 붙여진
민족의 애환을 달래주던 꽃

지금 내 앞에 해맑게 웃고 있는
지천 산천에 하얗게 핀
서럽도록 흰빛
이 여름은 망초꽃 계절인가보다.

* 莽草-芒草, 망국초, 북아메리카 원산지의 국화과 두해살이 풀로 철도 침목에 묻어옴. 을사조약(1910.8.29.)후 유난히 많이 피어 농부의 속을 썩이던 꽃

복사꽃 지면

복사꽃이~
복사꽃이 지면

저 강가로 가리라
물 따라 가리라

나도 같이
희희낙락 떨어지리라

낙화 되어 흐르리라
꽃잎처럼 떠가리라.

가경골 살구꽃

지난해 불던 바람
올해도 매차게 불어쌓네

살구꽃 너는 우째
기를 쓰고 피는 기여

봉오리 톡톡 터뜨리는 기
누구를 위한
아리잘직 홍빛이여

바람이
펏뜩펏뜩 피라고 조르던 감

샛뜩샛뜩 하디이마는
금시 비오듯 내리는 건 또
우짠 일이랴

난
정말 안씨러 죽겠는디

너는 왜

내 맘을 아프게 해며

떨어진 네 모습 안타까워
난 시방
발끝 사알살 디디는디.

여백

그림 속 하얀 자리
마음속 비인 자리

그림의 공간은 여백의 미
마음의 공간은 생각의 뜨락

쓸쓸하고 외로울 때
맘대로 드나드는 곳

부피도 형체도 없는
하얀 여운.

저 꽃잎처럼

꽃인 듯 바람인 듯
저 작은 꽃잎처럼

이 땅에
내 왔었다는 기억도
자취도 없이 가고파

물 위에 뜬 잎처럼
꽃잎에 머무는 바람처럼
하늘 가는 구름처럼

흩날리어
아름다운 꽃잎처럼.

모란꽃 한 잎

그리움처럼 생긴
동그란 꽃잎이 뚝 떨어집니다
철렁~

한조각 심장처럼 생긴 꽃잎이
또 한 잎 뚜 욱

안쓰런 꽃잎을 주워
살며시 입술에 물었습니다

불현 듯
고향집 뜨락 모란꽃 속에
떠오르는 엄마 얼굴.

외딴집

산모롱이 돌아
언덕배기 외돌아진 곳

하늘이 있고
산이 있고

울밖에 하얀 길이 있는
그런 집.

매화낙지 梅花落地

매화 꽃잎
폴 폴 날리는 이곳에
망연히 서 있는

나는 왜
차암, 낭패한
이 자세는 또 무엇인가
떨어져 내리는 꽃잎 안쓰러워

하늘하늘
너를 따라 날아볼까

차라리
널 따라 영~ 사라질까.

3부

초원의 밤

달맞이꽃 드레스

저 멀리 초원을 휘돌아
한가롭게 흐르는 강줄기

연록 빛 푸르른 카펫
느티나무 아래 널따란 잔디밭
여린 잎들의 미소

잎새 사이로 쳐다본 하늘
모였다 흩어지는 구름에
하현달 맑은 얼굴이 희기도 하다

풀 내음 싱그럽고
풀밭 위로 내딛는 치맛바람에
꽃잎은 살랑이고

달맞이꽃 노란 속삭임
달빛 아래 고운 웃음.

바람 집

오늘따라
지붕이 노오란 초가집이 그립다

문풍지 펄렁이는
바람이 제 맘대로 드나드는
움막 같은 집

사시사철
싸리문 흔들며 날 부르는
정겨운 집

산바람 들바람 불어오면
산란한 심사
먼저 알아 열리고

갈바람 샛바람에
하늬바람 높새바람

시시 때때 찾아오는
그런 집.

초원의 밤

그대여
바람 불어 좋은 날
풀 내음 풀풀 날리는 초원으로 가자

초록 향기 번지는 언덕에 앉아
장진주사將進酒辭* 한 가락에
솔가지에 걸린 상현달은
수묵 담채 송월도松月圖라

풍류 넘쳐 시흥을 돋우니
한세상 시름도 중천에 뜬 구름 같아라

사랑이여
꽃향기 번져오는 언덕으로 가자
가서, 풀벌레 소리 들으며
내려앉는 이슬에
옷자락 흠뻑 적시며 걸어보자

풀꽃들 지천에 깔린 초원의 푸른 밤
이 전원의 향기를 새벽이 오도록 마셔보자.

* 將進酒辭-송강정철의 사설시조 권주가

배롱나무

불영사 앞마당
천 년 고찰을 지키는 배롱나무
안 어울릴 듯 어울리는
사찰과 꽃나무

불꽃같은
화사한 그 모습
허허로운 영혼의 꽃불이여

유월 어느 날 피기 시작해
선체로 빛나는 火形의 붉은 꽃

석양에 비치는
발열하는 그리움인가
몰아치는 기쁨인가

목백일홍 불꽃 나무여.

대숲에 이는 슬픔

밉다고 미워질까
잊겠다고 잊어질까

미움 커져 떠난 자리

가슴 아려
채 뵈내지 못한 그리움

대숲에 이는 하염없는 슬픔.

바다와 하늘 사이

바다와 하늘 사이 카페 하나
거기에서 만나기로

아니
무언의 약속을 했었던가

지금
그는 단절의 형벌을 스스로 안고
생각하는 갈대의 고뇌에 빠져있다

하지만
한 슬픔이 다른 슬픔에게
손을 내밀면…

이 궁벽한 산기슭에

꽃 좋아하면 눈물 흔타고
꽃 좋아하면 외롭다고
그 누가 말했던가

아린 가슴 주체키 힘들어
떨어진 꽃잎 쓸어안고

살구꽃 홀로 지는
무인 벽촌에
외로움 깊어 병이 되어도

적막해 좋은 이 산골에
쓸쓸해 좋은 이 산촌에
살고 지고 살고 지고

청도라지 꽃 따서
머리에 꽂고 싸돌아다니다
산기슭 외진 곳에 누워 잘까

무덤가 제비꽃처럼,
아~ 이런 주책없는 심사.

가경천 숲길

해거름에 집 나서
징검다리 건너고
훈민정음교도 지나고

발길마다 쌓인 단풍길
건너편엔 소나무길
타박타박 오솔길
숲 속을 거닐다 보면

서산에 해지고
다릿발, 산책로에
불 밝히는 청사초롱

산자락 골물 소리 흐르듯
저문 강에 자잘자잘 물소리

저 다리도 건너고
이 다리도 징검징검.

거꾸로 본 세상

가끔은
벌러덩 누워 하늘을 보라
나뭇가지 사이로 보이는
푸르름을

하늘빛 호수에 무성한 잎들
창공에 열린 세상은
그윽하고 아름다운 별천지

때때로 부는 바람과
나부끼는 잎새들
참, 행복한 고요가 흐르고

맘속에
고운 물길이 트여
어디론가 먼 길을 떠난다.

여름의 끝자락

엷어진 햇살 아래
풀꽃들이 살랑대는 계절

강아지풀 한 대궁 뽑아
누구의 볼엔가 간지럼 태우는
여름의 끝자락이 좋다

햇볕 따끈한 초가을
쓸쓸할 그 날이 저만큼 있기에
뭔가 못다 한 일
남아있는 날들이 아직도 있기에

무욕의 그들도 나도 행복한 시간
오늘 이 시간이 더없이 좋다.

우연히 잡은 손

첫눈처럼 포근한 설레임
알 수 없는 그리움
맘속에 들어와

실개천 여울물에
자잘자잘 헤엄치는 송사리 떼처럼

언어의 유희로 세월을 낚던
고향 마을 누구처럼 느껴지는 사람

우리 서로
정겨운 듯 스스럼없는 듯
그러하지만

가까워도 멀어도
유유히 흐르는 저 강물
그리움 띄워 둔
내 마음에 흐르는 강

이만큼 저만치서 바라보는
우연히 마주 잡은 손.

도원桃源은 어디에

복사꽃 피는데
한 잔술 없을까

복사꽃 지는데
눈물 한 방울 없을까

꽃잎 하늘하늘 나부끼고
떨어진 꽃잎은 송화松花 뜬
강물 위에 흐르는 데

도원은 어디 인고
내 마음 둘 데 없어
갈 곳 몰라 하노라.

별리 別離

푸른 물 뚝뚝 떨어지는 생이별
저승과 이승의 영이별

애닯고 애틋한 서러운 이별
복장 심장 터지는 아픈 이별
싱둥생둥 그렇고 그런 이별

같은 이유 같은 사연

타의든 본의든
만나고 헤어지고, 헤어지고 만나고
만남과 이별

생자필멸 生者必滅
회자정리 會者定離

우리는 또 다시
만날 것을 念해야 하나
홀홀히 보내야 하나.

67

낙화落花

기쁨처럼 화사한
아리아리 고운 모습

하늘빛 바람에 실려
나르는 듯 가는 모습

받아줄 이 없는
연분홍 그 향으로
떨어져 내리는 꽃잎

울음 머금고
아릿다이 지는 꽃잎

내 너를 위해
명인의 대금소리를 들려주마

훨훨히 가는 너를 기려
이 땅의 숨결을 실어 보내마

가는 길도 고웁고
사라져도 고운 너를

어이어이 잊을소냐
내 가슴에 지워지지 않는
화인花印을 남기고
가는 너를.

해 저물녘 나그네

뉘엿뉘엿
서산에 해 걸리면
집을 나섭니다

꽃들은 풀죽은 듯한 모습에
햇볕도 풀꽃에 스러져 기대입니다

나그네는 너도 나도 없는
거리의 고아처럼 휘적휘적
멍~한 발걸음으로 길을 걷습니다

어둑어둑
어둠이 가슴속까지 파고듭니다
나그네는 길가의 하얀 꽃 앞에서
울고 있습니다.

한 떨기 꽃

휑한 마음자락
파란 하늘만큼이나 높아진 그리움

하얀 얼굴에 서풍이 스치면
치매 환자처럼 맑게 웃던 꽃

들녘의 그 꽃이 하도 좋아
낡은 시집 갈피에

서리 내리는 메마른 풀 섶
피었다 지는 마지막 꽃자리.

피안화彼岸花

산자락에 핀
숨 막히는 붉은 빛이여

무릇
그리움의 미학
절묘한 곡선

그리운 마음 그리고파
피워 올린 꽃 날개

저 가슴에
내 그리움 잠잘까

동그란 마음
그리고 또 그리고

피우고 또 피운
화엽花葉 불상견不相見
그 애달픔

그리움의 손짓
그리움의 몸짓.

4부

가을이 나를 두고

가을 산

단풍 붉은 가을 산에
몸을 쉬이면
볼도 붉고 몸도 붉고

가을 산 깊은 골
계류에 손을 담그면

단풍잎도 흐르고
내 담근 손도 흐물흐물
핏빛으로 흘러간다

산자락 물가에 앉아
마음 쉬이면

내 마음 저 붉은빛 따라
어디론가 먼 길을 떠난다.

꽃 다이 죽어지고

내 가슴에 청춘이 남았거든
꽃처럼 가거라

떠날 때를 알고 가는 이처럼
꽃다이 가거라

고운 기억 하나만으로
봄볕 속 아지랑이처럼
현란한 이별을 하거라

이 슬픈 계절에
하르르 꽃잎 지듯
가슴에 흐르는 물결 따라 흘러라

눈부신 고립도 찬란한 이별도
천만년 긴긴 세월은 아닌걸

하른하른
꽃 다이 죽어지고
죽어지고.

고엽 枯葉

깊어가는 가을
지난 기억들 추억으로 날리고

나뭇잎은 쓰르르 떨어져
공원의 비인 의자에
포도 위에 내려앉아
스산한 발길들을 머무르게 하고

하늘 환한 나뭇가지
마지막 남은 잎새들
그 빛
그 모습 그지없이 고웁다

갈바람은
떠난다고 하소연하는데
철없는 웃음소리
까르르 은행잎은 쏟아지고

건반에 구르는 고엽 소리와 함께
내 그리움, 아쉬움 몰라라
쓸쓸히 저물어가는 가을.

가을이 나를 두고

가을 산 깊은 골
선명히도 고운 가을빛 물든 나무들

몸도 마음도
한 폭의 수채화가 되어
단풍잎 쏟아지는 산자락에 앉아

내 시집 속 한 편의 시를
뒤 있어 듣던 말던

시어들은
잡목 우거진 숲으로 날아들어
잎잎이 곱게 곱게 타올라
골골이 넘쳐흐르는 다홍 물결

때마침 불어오는 한 줄기 바람에
싱싱한 기억들 펄 펄 날리며
우수수 춤추는 가을 산

흩날려라!
격렬히 떨어지는 잎들이여

내 기억의 화폭에 담아두고 보리라

타거라!
온산이 탄다 한들 한 가슴만 할까

날아라!
활활 불꽃을 날려라

꽃불 되어 올라라
혼불 되어 올라라

가는 길은
환희의 몸짓으로 갈지니.

사랑을!

꽃향기 새소리
못 견디게 아름다운 날

감성 앞에 이성이 외로울 때
이성 앞에 감성이 눈물겨울 때

스산한 바람소리 옷깃 스치우는
올 것 같지 않던 세월

봄 여름
내게도 그런 시절 있었던가
꽃그늘 아래 붉도록 서 있는 이여

나뭇잎마다 단풍 들어 고운 날
그 누가 사랑을 모를까

청춘!
당신에게도 쓸쓸한 날 오거든
빈 주머니에 낙엽하나 넣고
산자락 들길을 걸어보라

먼 훗날
당신이 꽃이였나 잎이였나.

바람은 왜

바람이
심산유곡 산사에 찾아오는 것은
풍경소리 그리워서이고
휘영청 솔가지에 오는 것은
멋 한 자락 솔향기로 날리고 싶어서다

오늘 바람이 풀숲에 와서
비비대는 것은 외로움 때문이고
물결 위에 찰랑이는 것은
햇볕 아래 반짝이며 흐르고 싶어서다

아릿한 향 산골 가득
아가씨야 꽃 속에서 함박웃음 짓고
들꽃에 와서 살랑이는 것은
그들과 속살거리고 싶어서다

바람이
외로이 선 깃발처럼 펄럭이는 것은
견디기 힘든 고독 때문이고

겨울날 전선주에 윙윙대는 것은
추위에 얼어붙은 마음이 시려서다

바람은 외로워 외로워
그래서 우는 것이다.

노을이 삼키고 간 가을

노을 속에
저무는 가을

갈바람 재촉에
거리에 구르는 낙엽들이
발길을 더디게 한다

햇살을 등진
공원의 나그네가 되어
사각이는 낙엽소리 들으며
숲길을 걷다 보니

어느덧 숲 속 깊숙한 곳을
헤매고 있었다

아아
물큰한 갈잎 내음
어느새 가을이 깊었나 보다.

세월은

번쩍번쩍 한다이카이
하모, 번개같이 가삐린다 아이가

그라, 쏜살같이 가삐리제
서산에 해지듯
꼴까닥, 가삐리믄 고마이데이

살아도 산게 아녀
언제 불각지不覺志
자빠질지 모른다 카이

그렁게
그저 산 동안 부지런이
"먹세그랴 먹세그랴
한잔 더먹세 그랴
꽃꺾어 산算놓고
무진무진無盡無盡* 먹세그랴!

요 잔등에 제비꽃피고
공새 와 울어 싸-면
말짱 헛긴디
무작無酌 무작無酌 먹세, 그랴

* 無盡無盡-松江의 勸酒歌. 將進酒辭 꽃꺾어 數놓고-不憂軒集의 賞春曲에
不覺志-미쳐 깨닫지 못하는 사이

대추나무

고향 집엔 똘방똘방 대추알
대추나무 심은 지 몇 년이나 흘렀을까
제사 올릴 만큼은 된다고
대견해 하시던 할머니

채마밭에 허리 굽힌 등
고추밭 포기 사이
부지런히 드나드는 손
강낭콩 울콩 이래저래 바쁜 손

저승 가신지 수십 년
할매 모습 선한
까끌한 나무둥치만 쓸어본다

유독 너 혼자
늦장 부리던 연유가
오글바글 열매 맺어
할머니 제사상에 오르려나.

낙엽 쌓인 숲길을 걸으며

가을빛 머금은 나무들의 향연
시야가 현란하다

스산한 가을바람에
거리엔 은행잎 노랗게 구르고
낙엽 한 잎 스르르 옷자락 스치면
못 견디게 쓰린 가슴

벤치에 내려앉은 고운 잎들
소복이 쌓인 낙엽이 더없이 소중하다
안쓰러운 널 피해 발길 흩트리며
몇 잎을 책갈피 속에 두었다

어느 날 너를 열어
이 가을을 추억하리라.

전설의 맷돌

영혼이 몽중에 신음합니다
신이여!
영글지 못함에서 벗어나게 하소서

가고자던 이 길은
진정 찾았던 길이건만

그저 그 자리에서
안타까운 발 구름에 허우적이는
방황의 한숨만~

바다 속 전설의 맷돌처럼.

갈대와 억새

강에서 우는 갈빛 울음
산에서 우는 흰빛 울음

갈빛 노래 조용히 흐르는 호숫가
산비탈엔 은빛 머리채 흩날리는 억새

바람 속의 갈대처럼
온몸으로 우는 그것이 삶이런가

바람 속의 억새처럼
흔들어 몸짓하는 것이 산다는 것인가

호수는 말없이
쓸쓸히 깊어만 가고.

한숨

한숨은 쉬어 무엇해
이렁저렁 살 일이지

한탄은 해서 무엇해
그렁저렁 살 일이지

그런 일 저런 일
별일 별꼴 많고 많지만

번쩍 사이 인생 백발
공새 울어~

그 모든 것
다아 한바탕 꿈인 걸.

이 침묵은

이렇듯 차가운 판단으로
이렇게 일관된 부동으로

왜 누군가를
힘들고 아프게 해야 하나

그대에게 내 말 없음은

아름다운 침묵인가
졸렬한 배려인가.

황금 실타래를 감으며

瑟菴

밤하늘
가득한 별들을 모아
아름다운 별자리 만들어
님에게 뵈이고파
할 일 많아 급한데
새벽은 앞산 너머 뵈이고

쫓기는 마음 바빠
이 밤을 부른 노을속의
황금 실타래를
저 별들 여명에 빼앗길까

물레질 서둘러
사랑하는 님의 아침이 오기 전에
그대 갖고자 하던
행복의 궁전 지어 놓으리라

주어진 시간
그 끝이
새벽을 따라 올지라도

이 밤이 다하도록
물레의 손잡이 놓지 않으리라.

무쇠솥

솥뚜껑에 어리운 엄마 얼굴
무명 앞치마 자락 닳도록
반질반질 행주질에 김 서린 무쇠솥

불꽃 튀는 아궁이 앞에 앉아
엄마는 무슨 생각을 했을까

유난스레 손끝 야무진 먹새 입새에
조상님 시부모님 섬김에
여념이 없으셨겠지

삼남 일녀 두고 가신 마음
오매불망 저린 마음
기차고 매차다고 소문난
유별난 그 마음 어땠을까.

5부

내 가슴에 매화 한 그루 심어 놓고

사무사화思無邪花

너는 어이
뼈 시린 섣달
눈 속에
홀로 깨어 암향暗香을 뿜느냐

단정媏姃할사
그 자태姿態 그지없이 곱다만
뉘 있어 그 싸늘함
고결高潔한 한매청향寒梅清香을 느낄것가

매화서옥梅花書屋에 一枝梅
달빛 창에 어른거리니
임인양 넋인양 하다마는

애닯다 어이 하리

그저
내 가슴 비인 곳에
홍매 한그루 심어놓고
두고두고 보리라.

＊ 제1회 매헌문학상 수상작

헌시

梅軒, 님께 올리나이다

아~아 님이시여!
대한의 청년, 님이 시여

님의 뜻
그 義氣, 萬古에 靑靑 하며
가슴 가슴에
불꽃처럼 선명하나이다

수암산 기슭, 16세 소년의 詩心이
농촌계몽, 독립운동의 길로 이어져

"丈夫出家 生不還"
그 불멸의 글귀 . . .

꽃다운 25세
청춘을 불사른 대한의 남아
조국을 사랑한 청년이여!

그 향, 그 필적
천추에 빛날 愛國魂

이 땅에 뚜렷이 남아있어
님을 그리메
이 글들을 천상으로 올리나이다

매화향기
홀~로 아스라한 님이시여!

素瓔堂에서 운영

하얀 축복

서설瑞雪이 내린다
내 정원의 배경이 되어
펄펄 눈꽃을 날린다

다가올, 또 다른
하얀 축복으로 내린다

누구에게나
오는 그저 그런 날들이
다 의미 있는 날이 되라고

내게 주어진 이 시간
오직!
나의 것인 이 순간에.

청산에

청산
청산에 살고지고

青淸
청솔 푸른 소리
청산에 살고지고

말 없는 그곳에

그냥저냥 살고지고
아니 그냥 살고지고.

소리

바위틈에 솟아나는 맑은 물소리
졸졸졸 계곡을 타고
흘러내리는 산자락 골물 소리
풀숲에 내려앉는 이슬비 소리
호수 위에 파문 지는 물방울 소리
토란잎에 떨어지는 빗방울 소리
갈잎에 서걱 이는 바람 소리.

날개

꿈은
잠을 떠나면 허무련가
나의 하늘을 기다렸다

바람아 불어라
날개를 펴주려무나

하늘을 삼킨 먹구름
미친 듯 쏟아지는
폭우를 잠 재워라

날개를 펴자
님의 심장소리 들릴 때
날아 올라

저 구름 헤치고
하늘을 나르자

눈부신 햇살 타고
환희의 찬가를 부르자.

꿈은 詩가 되어

영혼의 처연한 울음소리
이루지 못한 꿈들이여

맘속의 고운 생각들
꽃잎 같은 그리움, 그 아름다움
영롱한 언어가 되어

시가 되어
바람이 되어

그대 창에 반짝이는 별이 되어
우주를 유영하는 꿈이 되어
날아가리라.

물안개

우리 만나면
물안개처럼 피어오르는
고운 향

사랑이라고 작정한 일도
마음먹은 적도 없지만

우연처럼 떠도는
향 고운 그리움

우리 만나면 하늘빛 내려와
호숫가에 감도는 푸른빛 향.

연리목 連理木

동구 밖 유년의 동산
꿈속에
내 어머니 날 안아 올리시던 곳

부러운 눈길 몰라라
홍갑사 댕기머리 처녀들
긴 동아줄 잡고 그네 타던 곳

들 가운데 당산나무 숲 속
멋들어진 연리목, 소나무

이토록 늠름한 기상으로
튼실하게 지켜주심을
예전엔 미처 몰랐지요

세월 훌쩍 흐른 이제사
어머님 여기에 계신 걸

보이셨나요
자수실 바늘에 손끝 찔려
피 흘리는 아이를

무명 앞치마 자락
애끓는 정 어이 두고 가셨는지

봄 냇가 버들피리 불던 곳
메뚜기 뛰놀던 황금벌판

떠나도 다시 또 가는
기약 없는 유년의 그리움

마음 한 잎 거둘 곳 없는
허망한 놀이터로 떠납니다.

바람이 소리치는 계절

해마다 이맘때면
맹수처럼 으르렁대는 바람

싫다고 싫다고
오는 봄 시샘하는 몸부림인가
무엇이 저리도 간절한지

영춘화 꽃망울마다
어서 빨리 피라고 피라고
졸라대는 저 바람

건물 벽을 휘감아 씽씽
숨 가쁘게 휘몰아쳐
못살게 못살게
부딪쳐 소리치는 바람.

호반의 영상

물결 찰랑이는 기슭
속눈썹처럼 늘어진
나무들이 그지없이 고웁다

먼데 산은
그윽한 산영을 드리우고

물 위에 비친 나무들은
무성한 기억의
슬픈 뿌리를 내린 채

아득한 안개 속에
호수처럼 깊어지는 눈

추억이 맴도는 청회색 호반
꿈이 잠긴 호수.

아, 아름다운 청주

무심천에 바람 불면
내 마음 네 마음에 꽃 피는 들길
날마다 날마다 꽃 피네 꽃이 피네

우암산에 청풍 불면
길섶에 산자락에 잎 피는 산길
해마다 철따라 잎 피네 잎이 피네

맘속에 바람 불면
반가워 즐거워 서로 웃네 기뻐 웃네
너와 나 손잡고 두리둥실 어깨춤

미호천에 달 뜨면
그리운 사연들 굽이굽이 돌고 돌아
강가에 언덕에 별처럼 반짝이네

산 좋고 물 맑아 그림 같은 곳
금빛 나래 꿈을 안고 다 같이 다 같이
아~ 아름다운 청주 청풍명월 내 고향.

백강의 바람

백제 고도에 핀
연蓮꽃 인人꽃 궁남지 꽃바람

성흥산성 솔숲에 불어오는
간담 써늘한 솔바람

낙화암을 마주한 강변벌
사정없이 흔들리는 망초꽃 바람
시퍼렇게 휘몰아치는 진초록 갈대바람

그 모두가
백강에 너울대는 고혼들의 함성이
학도들의 가슴 가슴에

기쁨으로 출렁대는 오늘
무진무진無盡無盡 행복한 바람

무지무지無知無知
바람 불어 좋은 그날.

* 2013년 7월 13일 부여 학술제

흔적 痕迹

선택 불허의 자취
좋건 싫건
원하든 아니든

점이든 선이든
현재 이 시대를 살고 간 흔적

한때, 나는
자취 없이 사라지는 걸
인생의 큰
좌우명처럼 생각하며 살았다

잎새에 살랑이는 바람처럼
하롱하롱
꽃잎처럼 지고 싶다고

화사한 햇살 속으로
내 왔었다는 기억조차 없이
어디론가 사라지고 싶었다

그러나 지금 나는

내 뜻이든 아니든

詩人이라 불리우는
내 작은 삶의 흔적

지울래야 지울 수 없는
詩라는 이 필적筆跡.

내 가슴에 매화 한 그루 심어놓고

가슴속 비인 곳에
매화 한 그루 심어놓고
봄을 기렸더니

엄동에 눈 내려
매화가지 덮으니

꽃인 듯 눈인 듯
싸늘한 맑은 향이
옷깃을 스치네

꽃 멍아리 애틋한 소리
눈 속을 날아와
소애당素璦堂 냉담한 곳에
암향暗香이 가득크나

창호에 비친 달빛조차 차가운데
설한풍 추운 날을 어이 견뎠는고

맘속에 핀 매화 한 송이
고운님 오시어든
고이고이 열리라.

꽃은 향기의 흔적을 남기고,
시인은 영혼의 흔적을 남긴다

– 권오정 제5시집 『무심천에 바람 불면』의 시세계

정유지(문학평론가, 시인)

1. 시는 이미지로 꽃 피우는 그림이고, 그림은 스토리를 함축한 시다.

雲影 권오정 시인은 경북 봉화 춘양 출생으로 시인이며 화가, 서예가라는 독특한 이력의 작가이다. 제1회 매헌문학상 대상과 청주시 직지상을 수상한 시인이며, 아울러 대한민국아카데미미술대전, 동아국제미술대전, 백제서예대전에서 우수하게 평가받은 바 있는 시인, 이른바 시서화詩書畵 예술을 꽃 피우며, 감동으로 치장한 영혼의 흔적을 남기고 있는 대한민국 최고의 여류시인 중 한 사람이다. 권오정 시인의 작품을 접하다 보면, 마치 흙속에 묻힌 진주를 발견한 것 같은 느낌으로 다가온다. 시인은 그동안 『꽃불』, 『황금실타래』, 『백년의 미소』, 『꽃청산 언덕에 올라』 등 네 권의 시집을 세상에 내놓은 중견 작가이다. 이때부터 청주를 널리 알리는 시인으로 자리매김하고 있다. 박가을 시인은 그녀의 작품세계에 대

해 “단아한 문체文體와 간결한 어휘語彙는 무 조각을 예리한 칼끝으로 잘라놓은 듯 조화롭게 시어의 형상을 만들어 놓았기 때문이다.”라며 “청산에 서 있는 한 시인의 모습. 시어의 낱말에서 느껴오는 신선한 선율은 기쁨을 노래하며 밀밭에서 국수 가닥을 막 뽑아 놓은 것 같다. 달고 정겹다. 시인이 뱉어 둔 시어는 금방 꽃망울을 터트리듯 희열喜悅을 느끼게 한다.”며 극찬하고 있다. 권오정 시인은 충북 청주에 대한 관심과 애정이 남다르다. “직지의 고장” 청주 예찬론자가 되었다. 드디어 다섯 번째 시집 『무심천에 바람 불면』을 통해 청주를 세계 속에 알리는 홍보대사를 자청하게 된 것이다. 이 때문에 ‘청주를 지키는 시인’ 또는 ‘무심천 시인’이라는 새로운 닉네임이 붙여졌다.

권오정 시인의 시적 세계는 크게 두 가지 경향을 보이고 있다.

첫째, 여류시인 특유의 섬세한 감각으로 직조해내는 시적 언어들이 선명하고 명징한 이미지의 꽃들을 탄생시키고 있다. 정제된 언어와 철학적 사유로 빚어내는 맑고 투명한 시안詩眼을 견지한 채, 고즈넉한 서정抒情의 집 한 채를 생성시키고 있다. 또한 권오정 시인의 정신세계는 정갈하고 고결하기까지 하다. 동양화를 넘나들며 붓끝으로 생성시킨 심상들을 활자로 거둬들이듯 유려한 문체와 선 굵은 시어들이 밤하늘의 별처럼 반짝이고 있었다. 한마디로 예술의 깊이로 뿌리내려야 맛 볼 수 있는 집중과 몰입의 미학으로 환한 세상을 펼쳐내고 있다.

둘째, 신선한 하늬바람을 동반하고 있는 가운데 '청주를 지키는 시인'이라는 닉네임처럼 청주의 명소, 무심천의 캐릭터(character)를 꽃피우고 있다. 인생의 깊이로 빚어내고 있는 절대고독과 기다림의 미학이 잔잔하게 불어오고 있다. 그 기다림 속에 자성적自省的 삶이 묻어난다. 바람과 무심천이 만나, 가을의 전언 영혼의 흔적을 을 남긴다. 시인은 상상력의 천변에서 일군 감동의 이미지를 꽃 피워 아름다움은 물론, 그 감동의 향기와 영혼의 울림이 전해져 온다.

"궁즉변窮則變, 변즉통變則通, 통즉구通則久"

인용된 『주역』 계사 하 2장은 주역의 황금률로 일컫는 명언이다. '궁극에 이르면 변화하고, 변화하면 통하게 되며, 통하면 오래간다.'는 뜻이다. 새로운 작품 봄의 전령처럼 아침햇살을 품고 피어나는 아마릴리스 꽃의 풍경을 보고 시인은 심상의 상상력을 분출시킨다.

오! 아마릴리스
네 깊숙한 곳 그 어디에서
뿜어나는 향인가

진한 듯 연한 듯 살며시 눈 감기 우는
붉은빛 깊은 향이며

너로 인해 이 아침이 행복해
오직 나만을 위한 향기

바닷가 모래톱

파도가 남기고 간 자국

내 가슴에 담긴 그윽한 향인香印.

—「아마릴리스」 전문

파도가 남기고 간 흔적, 즉 소금 꽃의 흔적을 바라보는 봄의 아침은 싱그럽다. 그런 가운데 바닷가 풍경을 가장 그윽하고 향기롭게 만드는 꽃은 단연 아마릴리스(Amaryllis)이다. 아름다운 아마릴리스 꽃을 바라보며 가슴이 뛰는 이유는 서정적인 마음을 유발시키는 촉매제로 작용하고 있기 때문이다. 매년 봄에 꽃이 핀다. 순백색 꽃은 향기까지 은은해 신부 부케용으로도 자주 쓰인다. 아마릴리스의 꽃말은 '수줍음'이다. 시인은 가장 환상적인 풍경의 결정판으로 아마릴리스 꽃을 부각시키고 있을 뿐 아니라, 아마릴리스 꽃의 정체성正體性을 되찾기 위한 작가 특유의 타임머신 열차를 가동하고 있다. 눈부신 바닷가 풍경을 열고 있는 아마릴리스 꽃을 통해 화려함 뒤에 숨어있는 순수함을 환기시키고 있다. 시인의 시선은 누구나 보고 싶은 꽃, 제비꽃을 향한다.

산자락 들녘
양지바른 햇볕 아래

다소곳이 고개 숙인 모습
청순하고 소박한 보랏빛 제비꽃

귀엽고 순수한

흰제비 노랑제비 파랑제비 각시제비

가지가지 색색 가지
금강제비 고깔제비 구름제비 단풍제비

등 꼬부려 앉아야만 볼 수 있는
곱살스럽고 앙증스런 꽃

제비는 없어도
아롱다롱 제비꽃은 피고.

―「내 사랑 제비꽃」 전문

'강남 갔던 제비를 몰고 와 행운을 가져다준다.'는 제비꽃의 꽃말은 '순진한 사랑', '겸양', '행운이 온다.' 등이다. 시인은 제비꽃을 청순하고 소박한 모양으로, 귀엽고 순수한 느낌으로, 때로는 곱살스럽고 앙증맞은 꽃으로 바라본다. 등 꼬부려 앉아서 바라봐야 제대로 볼 수 있다는 섬세한 관찰력이다. 제비꽃이라는 이름은 꽃모양이 아름다워 물 찬 제비와 같다. 시인은 날마다 무심천에서 바람을 만난다.

1.
무심천에 바람 불면
날마다 날마다 꽃이 피네

꽃피는 날은 따라 웃고
꽃지는 날에 슬퍼 울어

잎 지는 날엔
푸른 눈물 떨구고

붉은 단풍 질 때
눈시울 붉히네

오고 가는 계절에
웃고 울고

불고 가는 바람에
꽃피고 잎 지고.

2.
무심천에 청풍 불면
해마다 철 따라 꽃이 피네

……(중략)……

－「무심천에 바람 불면」 일부

「무심천에 바람 불면」은 박성균 작곡, 테너 홍승완이 청주 시민회관에서 공연한 작품으로 널리 알려져 있다. 시인은 무심천에서 만난 바람을 섬세한 사유의 붓으로 새로운 통섭의 미학을 생성시키고 있는 가운데, 간결하고 정제된 시어 속에 인생의 의미마저 숙성시키고 있다. 더불어 행과 행이 유기적으로 연결되고 정연한 리듬감이 살아있는 짤막한 시어마다 생의 깊은 맛을 우려내어 철학적 성찰이 묻어나며, 마치 사람이 태어나 죽는 그 순간까지의 인생 파노라마(Panorama)와 같은 삶을 감지할 수 있다. 무심천에 바람 불고 꽃 피는 날마다 하냥 웃는데, 붉은 단풍질 때면 푸른 눈물을 떨구고 만다. 눈시울을 붉히고 있는 시인의 애절한 정한情恨이 절절하게 배어나고 있다.

바람은 살아있음을 상징하는 에너지원이다. 오죽하면 풍력 에너지라고 불리겠는가. 시인은 온 몸에 바람을 들이며 꽃을 피워 올리고 붉은 단풍마저 물들인다. 무심천의 꽃이 되어, 탐스럽고 아름다운 빛깔로 청순한 시월의 여인처럼 웃고 울고 있는 모습이 마치 행복을 넘나드는 벌과 나비의 쉼 없는 날개 짓과 무에 다르랴.

"고통을 참아내면 조개가 진주를 품고, 고래가 트림을 할 때 바다의 로또 용연향이 배출된다."

고래의 보물 용연향龍涎香은 엠버그리스(ambergris)라 하며, 특유의 냄새는 고급 향수 재료로 쓰일 만큼 귀중한 보물이다. 조개에게 있어 보물은 진주이고, 향유고래에게 있어 보물은 용연향이듯, 누구나 보물이 있다. 자신에게 숨겨진 용연향, 보물은 멀리 있는 것이 아니다.

무심천은 바람과 물, 꽃과 여인의 캐릭터(character)라는 섬세하고 아름다운 보물이 숨겨져 있고, 이를 노래하면 할수록 시적 완결판을 향해 가는 과정임을 시인은 어필하고 있는 것이다.

2. 시적 수사修辭는 꽃의 발화, 꽃의 향기와 같은 치명적 매력이 있다.

"시적 울림에는 말뿐 아니라, 문장부호도 미적 완성도를 높이는 수사적 장치의 역할을 한다."

권오정 시인은 섬세한 시어뿐만 아니라, 문장부호를 동반하며 감동의 범주를 확장시켜 놓고 있다. 「梅軒, 님께 올리나이다」, 「꽃과 나」, 「한잎」, 「이 궁벽한 산기슭에」, 「전설의 맷돌」, 「꽃이 슬퍼지면」, 「한숨」, 「모란꽃 한 잎」, 「매화낙지梅花落地」, 「서시序詩, 차 한 잔을 마시며」 등 열편의 작품에서 물결표를 사용하고 있다. 물결표(~)는 구간을 나타내거나 다른 말이 덧붙을 수 있음을 나타낼 때 주로 쓰이는 문장부호이다. 일반적으로 구간을 나타낸다. 가령, '15일 ~ 25일' 같은 문장에 활용된다. 또한 다른 말이 덧붙을 수 있음을 나타낸다. 수학에서는 "≒"처럼 "거의 같거나 매우 비슷함 (similar to)"을 뜻한다. 통계학에서는 어떤 확률분포를 따른다는 뜻이다. 그러나 권오정 시인은 오랜 습작을 통해 터득한 시적 허용의 범주를 확장시켜 놓고 있다는 측면에서 주목하지 않을 수 없었다. 「梅軒, 님께 올리나이다」와 「매화낙지梅花落地」, 「한숨」, 「모란꽃 한 잎」에서 이를 확인할 수 있다.

아~ 아 님이시여!
대한의 청년, 님이 시여

……(중략)……

매화향기
홀~로 아스라한 님이시여!

—「梅軒, 님께 올리나이다」 일부

하늘하늘
너를 따라 날아볼까

차라리
널 따라 영~ 사라질까.

—「매화낙지梅花落地」 일부

번쩍 사이 인생 백발
콩새 울어~

그 모든 것
다아 한바탕 꿈인 걸.

—「한숨」 일부

그리움처럼 생긴
동그란 꽃잎이 뚝 떨어집니다
철렁~

한조각 심장처럼 생긴 꽃잎이
또 한 잎 뚜 욱

—「모란꽃 한 잎」 일부

인용된 작품에서 보여준 '홀~로'와 '영~', '울어~', '철렁~'의 물결표가 연속적 성격과 시적 에코(echo) 기능을 미학적으로 표출시키고 있다. 이는 시가 본질적으로 음악적 요소를 고려한다는 면에서 볼 때, 대단히 고무적인 현상이 아닐 수 없다. 기존의 시가 갖고 있었던 작시의 측면뿐이 아닌 작곡적 요소를 미학적으로 그려내고 있으므로 권오정 스타일의 문장부호 동원은 매우 이례적인 현상으로 해석할 수 있다. 물결표를 날리고 있는 또 다른 작품 「꽃과 나」와 「이 궁벽한 산기슭에」, 「꽃이 슬퍼지면」 등의 작품을 살펴보면,

꽃이
슬퍼지면 무엇이 되나요
가슴 아린 눈물 꽃 피우나요

……(중략)……

아~
어쩌나요 어쩌나요.

— 「꽃과 나」 일부

꽃 좋아하면 눈물 흔다고
꽃 좋아하면 외롭다고
그 누가 말했던가

……(중략)……

아~ 이런 주책없는 심사.

— 「이 궁벽한 산기슭에」 일부

쓰리도록 아파
서럽게 서럽게 울어야 하나요

아~
어쩌나요 어쩌나요.

-「꽃이 슬퍼지면」 일부

여기서 공통적으로 보여주고 있는 '아~'의 경우에는 물결표가 '아'의 장음적 성격과 반복적 울림이 강렬한 효과음으로 나타나고 있다. 어찌 보면, 느낌표(!)의 기능을 넘어선 음악적 추임새와 운율적 효과마저 자아내고 있다. 시가 음악적 지향점을 갖고 있다는 점에서 유려한 감성을 발견할 수 있다. 「한 잎」, 「전설의 맷돌」에서는 또 다른 면모를 볼 수 있었다.

잎 하나의 설레임
잎 하나에 그리움

잎 하나의 꿈과 추억
잎 하나에 슬픔과 허무

그리고 ~ 또
떨어지는 꽃잎.

-「한잎」 전문

그저 그 자리에서
안타까운 발 구름에 허우적이는
방황의 한숨만~

바다 속 전설의 맷돌처럼.

—「전설의 맷돌」 일부

밤하늘에 반짝이는 별처럼
풀꽃들이 살며시 일러 주네요
한 줄의 시가
아름다운 언어의 모태임을~

—「序詩, 차 한 잔을 마시며」 일부

'그리고 ~ 또'에서 물결표는 말줄임표(…)와 유사한 면도 있으며 설레임과 그리움, 꿈과 추억, 슬픔과 허무를 교차시키고 있는 꽃잎의 젊 현상을 간과하지 않고 오히려 주시하고 있는 가운데 꽃잎이 떨어지기 직전의 상황과 심리상태를 압축시켜 시적 긴장감을 유발시키고 있다. 또한 '방황의 한숨만'에서 물결표는 바다 속 전설, 창조적 상상력과 어처구니를 돌리는 화자의 심리상태를 빚어내고 있었다. 따라서 시적 긴장감을 고조시키는 촉매제의 역할까지 담보하고 있다. '아름다운 언어의 모태임을~'에서 물결표의 경우에는 밤하늘의 별과 같이 마음의 창을 밝히고 영혼의 울림이 있는 것이 바로 한 줄의 시라고 부연하는 시적 효과마저 달성하고 있다. 총알 한 알은 목표물을 단 한 번만 관통할 수 있는 무기지만, 詩는 단 한 줄로 수천, 수만 명, 더 나아가 수백만 명의 무딘 가슴을 감동의 활자로 관통하는 감성의 무기임을 강조하고 있는 시인의 강한 전언을 그대로 담아내고 있는 시적 장치이다.

3. 시인은 영감을 동반하며, 서정성 짙은 감성의 봇을 터치한다.

"영감이 오는 순간을 간과해 버리지 마라. 번뜩이는 첫 생각과 만나는 순간 당신은 자신이 알고 있던 것보다 더 큰 존재로 변화한다. 우주의 무한한 생명력과 연결되는 순간이기 때문이다."

– 나탈리 골드버그, 「뼛속까지 내려가서 써라」 일부

시를 쓸 수 있는 여건 조성은 매우 중요하다. 시를 반드시 쓰고자 하는 열정이나 영감靈感, 시상詩想, 이를 시적 순간이라 부른다. 시적 순간은 도처에 깔려 있다. 아름다운 시를 쓰려면 치열한 삶 그 자체를 즐길 줄 알아야 자연스럽게 몰입이 된다. 일상생활에서 시인의 눈으로 사물을 바라볼 때, 비로소 시를 쓸 수 있는 소재와 주제가 봇물 터지듯 분출되는 것이다. 아름다움의 대명사로 불리는 장미가 눈부신 자태를 보이며, 금방 물들어 버릴 것 같은 절정의 짙은 향기를 고즈넉하게 피어올리고 있듯이, 권오징 시인은 도도하리만치 절정의 경지를 선보이며, 청주시 가경골에 대한 소회素懷를 꽃 피우고 있다.

지난해 불던 바람
올해도 매차게 불어쌓네

살구꽃 너는 우째
기를 쓰고 피는 기여

봉오리 톡톡 터뜨리는 기
누구를 위한
아리잠직 홍빛이며

—「가경골 살구꽃」 일부

가경佳景골은 한자어 '가경佳景'으로'아름다운 경치나 훌륭한 풍경'을 뜻한다. '골'은 고구려어 '忽'(홀 · 골)과 신라어 'ᄀᆞ볼(촌락)'에서 기원한 것으로, '골짜기'나 '마을'을 뜻한다. 따라서 '가경골'은 '아름다운 골짜기'로 해석된다. 바로 여기 가경골의 정취를 시인은 '아가씨의 수줍음'이란 꽃말을 지닌 살구꽃으로 그려내면서 깊어가는 봄을 구수한 사투리를 섞어 화사하게 표현하고 있다. 삭막했던 겨울의 메마른 정서를 달래주는 더할 수 없이 요염하고 사랑스러운 자태를 표출시키고 있다. 누군가에게 다정다감을 전하고 사랑을 꽃 피우듯 살구꽃 같은 존재가 바로 시인인 것이다. 시인은 「초원의 밤」을 잊지 못한다.

그대여
바람 불어 좋은 날
풀 내음 풀풀 날리는 초원으로 가자

초록 향기 번지는 언덕에 앉아
장진주사將進酒辭 한 가락에
솔가지에 걸린 상현달은
수묵 담채 송월도松月圖라

풍류 넘쳐 시흥을 돋우니
한세상 시름도
중천에 뜬 구름 같아라

사랑이여
꽃향기 번져오는 언덕으로 가자
가서, 풀벌레 소리 들으며
내려앉는 이슬에
옷자락 흠뻑 적시며 걸어보자

풀꽃들 지천에 깔린 초원의 푸른 밤
이 전원의 향기를
새벽이 오도록 마셔보자.

—「초원의 밤」 전문

인용된 작품에 등장한 '장진주사將進酒辭'는 송강 정철鄭澈의 사설시조이다. 인생의 덧없음을 읊은 권주가로, 이백의 '장진주将进酒'에서 영향을 받았다. 『송강가사』와 『문청공유사文淸公遺詞』에 실려 있다. 우리 선조들은 자연과 벗 삼아 풍류를 즐겼다. 술은 사람과 사람, 세상과 사람 간의 매개체역할을 하기 때문이다. 특히 정철의 '장진주사' 중에 '곳 것거 산算 노코 무진무진無盡無盡 먹새그려'의 멋진 풍류를 재구성한 것처럼, 현대판 신 권주가를 연상케 한다. 시인은 자연 속으로 들어가 서정의 붓끝으로 푸르른 심상과 초록의 꽃향기를 덧칠하면서, 물아일체物我一體의 시선으로 '초원의 밤'을 노래하고 있다.

"세찬 비바람과 격랑이 잦은 바다에서, 강인한 어부가

태어난다. 잔잔한 바다에만 길들여진 어부는 큰 고기를 잡을 수 없다."

뛰어난 시인이 되려면, 상상력의 붓을 제대로 사용해야 된다. 언어의 재구성이 필요하다. 고정관념의 틀에 사로 잡힌 일상적 시각을 180도 전환시킬 수 있는 새로운 시적 안목이 필요한 것이다. 피상적인 관념으로부터 벗어나는 사고의 틀이 큰 관건이라 할 수 있다.

들판에 피어있는 모든 꽃이 다른 빛깔, 다른 향기로 피어난다.

화려한 수사법 속에는 눈부신 꽃의 발화가 숨어 있고, 선명한 이미지 속에는 꽃의 매혹적 향기가 숨겨져 있다. 빼어난 몸매와 이목구비에 비해, 향기가 없는 여인을 가리켜 백치 미인이라 하듯, 꽃은 예쁜데 그윽하고 진한 향기를 갖추지 못할 경우에도 백치화白痴花라고 할 수 있다. 자칫 수사법에 얽매여 화려한 비유법에만 관심을 둘 경우에는 장중한 이미지 보다는 가벼운 이미지로 전락할 확률이 높아진다. 결국 독자들은 그 작가에 의해 생산된 최종 작품의 시적 내공을 감지할 수 없는 한계상황에 직면할 것이다. 가령 나무를 겉으로만 바라보는 것이 아닌, 나무의 확장된 본질을 꿰뚫어 보는 사유의 시각이 요구된다. 시인은 「가을이 나를 두고」를 통해 아름다움과 향기를 동시에 발산하고 있다.

내 시집 속 한 편의 시를
뉘 있어 듣던 말던

시어들은
잡목 우거진 숲으로 날아들어
잎잎이 곱게 곱게 타올라
골골이 넘쳐흐르는 다홍 물결

때마침 불어오는 한 줄기 바람에
싱싱한 기억들 펄 펄 날리며
우수수 춤추는 가을 산

흩날려라!
격렬히 떨어지는 잎들이여
내 기억의 화폭에 담아두고 보리라

타거라!
온산이 탄다 한들 한 가슴만 할까

날아라!
활활 불꽃을 날려라

꽃불 되어 타올라라
혼불 되어 울라라

-「가을이 나를 두고」 일부

시와 가을은 잘 어울리는 단어 중의 하나다. 가을이 되면 절대고독과 그리움, 사색과 명상, 자아성찰과 자기반성 등의 수많은 수식어가 동반된다. 시인은 가을을 좋아하는 그 어떤 이 보다도 가을에 대한 애착이 남다르다. 시인은 가을을 단순하게 느끼기 보다는 존재적 자각의 시적 대상으로 바라보고 있는 것이다. 한편, 시인은 시원한 바람결을 따라 그윽한 향기가 머물었던 자리를 향한다. 망초 꽃에 대한 기억을 찾아낸다.

유월의 향기
망초꽃 향을 아시나요

감나무골 숲길에
하얗게 핀 망초꽃

산바람 골바람
산들산들 반기는 망초꽃에
얼굴을 대이고

아리한 향에 취해 자빠진 날
무슨 사념에 몰두하며~

그저 그런
지난해 그맘때 보았던 꽃

무어라 말할까
옅지도 짙지도 않은
해맑은 모습의 이 향기

초 여름날의 향
망초꽃 그 향기를 아시나요.

—「망초꽃 향을 아시나요」 전문

망초꽃에 미치면 백약이 소용없다. 우리 주위에 가장 흔한 꽃인데도 자세히 들여다보면 나름대로 아름다움을 갖고 있다. 이 꽃은 먼 곳에서 바라보면 가을의 국화나 메밀꽃처럼 보이지만, 특유의 향기를 갖고 있다. 그만큼 망초꽃은 사람의 마음을 흔드는 친근한 아름다움을 갖고 있다. 꽃말은 '화해'이다. 우리 사회 저변에 깔려있는 불신과 부조리 의식을 향하여, 망초꽃처럼 서로 잘 어울려 상생과 화해의 메시지를 보내려고 시인은 읊조리고 있는 것이다.

"마음이 있지 않으면 보아도 보이지 않고, 들어도 들리지 않고, 먹어도 그 맛을 모른다(心不在焉 視而不見 聽而不聞 食而不知其味)."

인용된 것은 유교 경전 중 『대학』 정심장正心章에 나오는 말이다. 여기서 '보아도 보이지 않는다.'는 것을 주목해 본다. 그냥 대충 보지 않고, 정성들여서 낯설게 바라봐야 비로소 사물의 본질을 파악할 수 있는 힘을 기를 수 있음을 암시하는 의미심장한 말이다. 시인의 시선은 불현 듯 가슴 속에 심어 둔 매화를 향한다.

가슴속 비인 곳에
매화 한 그루 심어놓고
봄을 기렸더니

엄동에 눈 내려
매화가지 덮으니

꽃인 듯 눈인 듯
싸늘한 맑은 향이
옷깃을 스치네

—「내 가슴에 매화 한 그루 심어두고」 일부

추운 날씨에도 굳은 기개로 피는 하얀 꽃에서 은은하게 배어나오는 매향梅香, 때문에 선비들은 매화를 최고의 꽃으로 여겨왔다. 아울러 우리나라 대표 화가인 김홍도는 그림을 그려 마련한 3,000냥 중 2,000냥으로 매화나무를 사고 800냥으로 술을 사서 친구들과 함께 마셨다는 일화가 전해진다. 그래서 이를 '매화음梅花飮'이라 한다. 지조 있고, 고결한 선비의 기상을 담아내기에 손색이 없기 때문인지 매화의 꽃말은 '고결한 마음, 결백, 정조, 충실' 등이다. 매화 한 그루를 가슴에 심을 정도로 시인의 고매한 정신이 신선하게 다가온다.

시인은 예리하고 섬세한 관찰을 통해 거대한 문학적 이미지를 발견하고 서정성 짙은 감성의 붓을 터치하며, 지상의 풀잎들을 흥분시키고 있다.

"꽃은 아름다운 향기로 흔적을 남기고, 권오정 시인은 수사적修辭的 언어로 감동의 하모니를 이루며, 치명적 매력을 발산하고 있다."

권오정 시집

무심천에 바람 불면

인쇄 2015년 11월 16일
발행 2015년 11월 23일

지은이 권오정
발행인 서정환
펴낸곳 신아출판사
주소 전북 전주시 완산구 공북 1길 16(태평동 251-30)
전화 (063) 275-4000 · 0484 · 6374
팩스 (063) 274-3131
이메일 shina2347@naver.com sina321@hanmail.net
출판등록 제465-1984-000004호
인쇄 · 제본 신아출판사

ISBN 979-11-5605-274-6 03810

값 10,000원

이 도서의 국립중앙도서관 출판예정도서목록(CIP)은 서지정보유통지원시스템 홈페이지(http://seoji.nl.go.kr)와 국가자료공동목록시스템(http://www.nl.go.kr/kolisnet)에서 이용하실 수 있습니다.(CIP제어번호: CIP2015030780)

Printed in KOREA

이 책은 한국문화예술위원회, 충북문화재단 후원으로 발간되었습니다.